HO
PAURA

Monica Quezadas - Ilana Slucki

Sai che la paura...

...bisogna spaventarla?

A Francesco, Giovanni, Andrea, Eddy, Ian

I0435981

Mi chiamo Matteo, sono un bambino come te, con un cuore che batte forte,

quando corro

quando abbraccio qualcuno

e anche quando

Ho avuto paura di molte cose:
paura del buio,
paura di rimanere solo,

Mi chiamo Matteo

paura dell'acqua,
paura di andare a scuola,
paura di un cane,
paura delle persone
sconosciute...

Sai che siamo noi
che creiamo i

mostri

che poi vediamo?

Hai mai provato a sentirti più grande e più brutto di loro?

Sai che la paura bisogna spaventarla?

¡BUU!

Vieni, ti racconto
come ho fatto io
a vincere la paura,
sono sicuro che
anche tu la vincerai!

Ieri mentre dormivo ho sentito un rumore forte, quando ho aperto gli occhi ho visto un mostro così grande e così brutto che mi sono spaventato e il mio cuore ha cominciato a battere molto forte.

Quel terribile mostro si era presentato varie volte nella mia stanza e io non ero disposto a permettergli di spaventarmi di nuovo.

9

Così ho chiuso gli occhi e mi sono inventato delle parole magiche, come quelle che si sentono nelle favole:

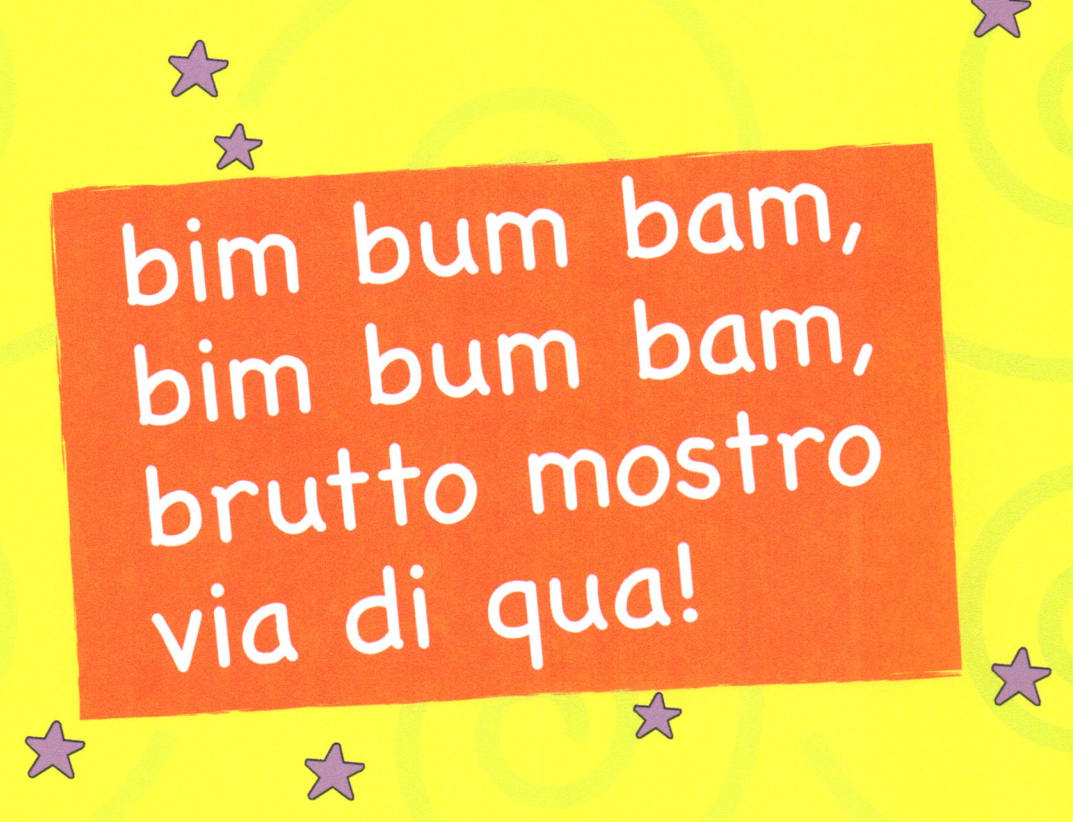

bim bum bam,
bim bum bam,
brutto mostro
via di qua!

bim bum bam!

11

Prima di aprire gli occhi ho desiderato diventare il drago più grande e potente del mondo, la mia missione era adesso spaventare quel mostro.

¡aarrgghh!

Ho pensato al mio colore preferito, l'azzurro, e l'ho colorato; poi gli ho messo delle ali lunghe e un paio di occhi dallo sguardo forte. Gli ho disegnato tanti denti e non mi sono dimenticato di mettere le fiamme nella sua bocca.

Gli ho dato tutto il mio potere

Quando ho finito gli ho detto:
tu sei il mio protettore, ti nomino:

 "Il drago mangia-paure"

e ti dó il potere di sconfiggere tutti i mostri
che mi appaiono, di giorno e di notte.

 Tu sei un campione

e li farai scomparire!

15

Ancora con gli occhi chiusi, ho sentito in me la forza di un drago e che con quella avrei sicuramente fatto fuggire di corsa quel terribile mostro.

Ho aperto gli occhi con tutta la fiducia in me stesso e nel mio drago mangia paure. Il mostro se ne era andato, io e il mio drago l'avevamo spaventato e io ho capito che il potere più grande in grado di distruggere un mostro si trova dentro di me.

Basta creare nella mia mente un altro mostro più brutto e potente,

Credere in lui e credere in me.

I miei giorni e le mie notti sono diventati magici, adesso mi sento tranquillo. Ho capito che la paura non è un nemico, è solamente qualcosa creato da me, che mi trasmette nuove sensazioni e mi invita ad affrontarle.

Quando ho paura del buio penso al sole e mi illumino,

Quando ho paura di rimanere solo, mi invento un amico e gli parlo.

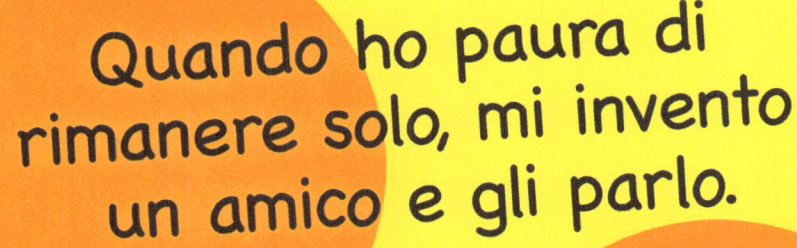

Quando ho paura dell'acqua mi trasformo in pesce.

Quando ho paura di andare a scuola, penso alle cose che imparo.

2♥+2♥=♥♥♥♥

Quando ho paura delle persone che non conosco, immagino che sono miei amici e sorrido.

Quando ho paura di un cane, gli metto una faccia da uccellino e ascolto il suo canto.

23

Accompagno tutte le mie paure con un respiro profondo e quando esce l'aria dalla mia bocca dico addio al nemico.

Adesso so cos'è la paura e sono coraggioso, perché ho fiducia in me.

25

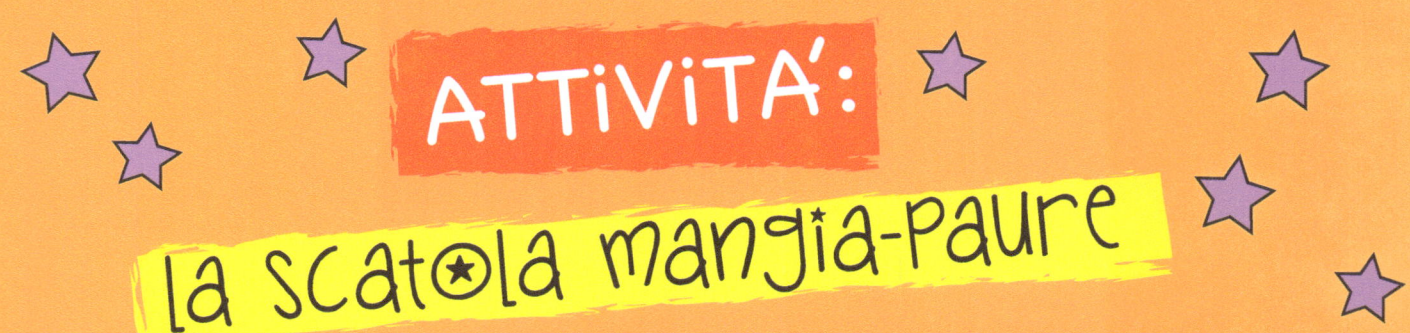

ATTIVITÁ:

la scatola mangia-paure

Ti piacerebbe avere una scatola mangia paure?
Inventa anche tu un drago con molti denti.
Disegnalo su un foglio, taglialo e attaccalo su
una scatola qualsiasi. Fai un foro nei suoi denti.
Disegna o scrivi le tue paure e mettile dentro
il foro: dagli da mangiare tutte le tue paure!!!

Dagli da mangiare tutte le tue paure!!!

il mio drago
mangia-paure

Ti do tutto

il mio potere

Ieri ho sognato di nuovo con quel brutto mostro...

Monica: quando i miei gemelli hanno cominciato a fare i capricci, quando hanno cominciato a divertirsi e ad essere tristi, mi è venuta voglia di parlargli delle loro emozioni. Come potevo parlarne in maniera interessante? Mi piace molto scrivere, perché posso abbellire le mie frasi per attirare l'attenzione dei lettori. Ho deciso quindi di creare un racconto ed è stato un grande successo. Ho parlato loro delle cose che stavano vivendo e sono riuscita a spiegare loro cosa sentivano. Mi sono resa conto che le mie storie avevano bisogno di un forte supporto visivo, con immagini semplici, che dessero vita a ciò che stavo scrivendo. Allora ho pensato a Ilana e le ho chiesto di illustrare i miei racconti. Con i suoi disegni magnifici ha convertito le mie storie in fantasie per i bambini ed io, utilizzando la tecnologia, le ho riempite di colori e di caratteri allegri. Abbiamo creato assieme la Valigia delle Emozioni.

Ilana, "Ho sempre pensato che essere capace di dare una sensazione di sicurezza ai nostri figli é essenziale, peró non sempre troviamo la maniera di gestire le emozioni che essi stessi non riescono a spiegare. Sono molto contenta di partecipare a questo progetto assieme a Monica, perché la sua capacitá di scrivere offre a noi genitori la possibilità di parlare ai nostri figli in modo divertente e utile".

Monica Quezadas e Ilana Slucki sono due grafiche messicane.
Monica vive in Italia, é specializzata in marketing e comunicazione e mamma di due gemelli di sette anni.
Ilana vive a Panama, é muralista, studente di coaching e mamma di tre adolescenti.

Testi e grafica: Mónica Quezadas
Disegni: Ilana Slucki
Traduzione: Andrea Bartoletti

www.ingramcontent.com/pod-product-compliance
Lightning Source LLC
Chambersburg PA
CBHW060813290526
45792CB00005BA/1644